Vicky Bolembo Wa N'Simba

Paradoxes dans l'ombre de l'incertitude

Vicky Bolembo Wa N'Simba

Paradoxes dans l’ombre de l’incertitude

Éditions Muse

Cover image: www.ingimage.com

Publisher:
Éditions Muse
is a trademark of
International Book Market Service Ltd., member of OmniScriptum Publishing Group
17 Meldrum Street, Beau Bassin 71504, Mauritius

Printed at: see last page
ISBN: 978-620-2-29679-3

VICKY BOLEMBO
WA N'SIMBA

Paradoxes dans l'ombre de l'incertitude.

Sommaire

Inventaire de quelques principes du millénaire

ALLIÉS DANS LA JUNGLE

Déjà à l'entrée on devrait dénombrer la tortue, le gorille, le lion, l'écureuil, le caméléon, et les fourmis légitimes. Chacun avait son demeure regorgeant quelque chose de la créature céleste.
Le lion chef de la forêt l'écureuil son ami et le caméléon ami du gorille.
La tortue était encore jusque là, solitaire dans son coin.

Bien qu'ils soient voisins les uns aux autres, le gorille et son ami incarnaient plus l'hospitalier, leur concession ne pouvait se vider des visiteurs, vraiment comme un carrefour- retrouvaille, chacun avec son régime alimentaire.

Le l'équipe du gorille, pour leur subsistance, se rendit pour la cueillette. Etant partenaire du puissant lion, l'écureuil indispose le(s) voisin(s).

Grand félin, le chef lion dans son administration instaure l'appel à contribution et c'est l'écureuil qui en est le percepteur, provocateur. Véritable discourtois.

L'équipe du gorille face aux multiples intimidations leur infligées par la voie de l'écureuil se dit : malgré le soutien que le lui accorde le Chef, au nom de la légitimité l'autodéfense doit être de règle.

Le lendemain vint, arriva le tour du caméléon à la cueillette. Comme le gorille mal gracieusement réprimandé par le lion, le caméléon divorce avec gorille et préfère intégrer le staff du grand lion. Les conflits devinrent grandissants dans cette entité.

Aussitôt solitaire, aussitôt une nouvelle relation, le gorille rencontre la tortue qui, ensemble chercha à jouir de leur légitimé et réduire sensiblement toute dépendance. Ils se réveillèrent alors de leur passivité.

L'absolutiste autocrate lion abuse de son pouvoir et menace de retirer la vie de ses voisins tout en tolérant la discourtoisie de ses alliés directs. Imminent bras-de-fer est à redouter.

Démonstration de force !

La tortue en est la première victime à subir chasse. Sa dissuasion malgré la frayeur l'a épargné : chef, il n'y a de plus simples de me voir mourir que de me souffrir, prends uniquement ce bâton-là juste à ta droite et frappe- le dessus de ma carapace. Je serai mort.

Cette tortue savait bien ce qu'elle réservait à son bourreau. Là, un puits y était creusé et enfouit dans les feuillages. Le bâton qu'elle lui remit était de part et d'autre parsemé de fourmis rouges.
Le chef fût piqué et prit par le piège lui tendu puis précipité dans le fossé bien qu'encore vivant.

Ainsi, s'échappa la tortue et alors retourna raconter à co-équipier gorille ces événements. Elle ajouta même : seule notre précieuse et séduisante richesse nous expose mais notre union nous garantira l'indépendance.

L'écureuil ignorant de faits, vint encore une fois après les proférer insultes jusqu'à irriter gorille. Au cours de cette démonstration de force, l'écureuil succombant.

Comment sortir de ce fossé-là ? Le lion négocia. Au moins une fois, il sollicite coopération en rappelant le principe de respect mutuel après qu'il ait été sauvé du puits lors d'un dialogue. Plus d'alliés, la jungle est déchirée, justice est rendu !.

COURSE AUX VOIX

Au milieu du troisième millénaire, comment oses- tu demeurer en service? Ta visite n'est pas envisageable. Tu sèmes la consternation. Pourquoi faire appel à celle qui, à tort ou à raison détruit toujours et met impitoyablement fin à des vies?

Guerre, qui es- tu et d'où viens- tu ? Oui, plutôt avec ta sœur paix avec qui nous avons un rendez- vous. Chacun de tes gestes expose aux contagions, aux débandades, consumation d'espoirs parfois non stop. Tu sèmes la désolation !

Pourquoi des putschs, d'insurrections... ?
Qui recherches- tu encore en plus d'hostilité à travers le monde au milieu du siècle dit de développement ?

Etonnant ! On ne se contente aujourd'hui qu'à condamner au lieu de prévenir les dommages ou mieux d'éradiquer définitivement les conflits armés ?... Plus question d'effusion de sang.

Pourquoi nous taire et nous laisser envahir par la guerre? Si rien ne peut l'arrêter pour l'heure, la nature réagira certainement.

Disons néanmoins non à la culture d'intimidations et à toute forme de manipulation. Encourager l'intérêt collectif pour trouver des solutions à des rivalités qui continuent à déchirer notre monde.

Combien cela te rapportera-t- il en tuant son frère, sa sœur à cause seulement d'un T- Shirt?
Apprenons à dire non à la répression et à l'oppression!

Véritable terrain d'entraînement d'échanges de tirs réels avec concours d'armes lourdes. N'importe qui fabriquer sa troupe supposée ..., et fait vivoter le Congo. La paix n'est pas comme une tasse de thé, mais avant l'assemblage du feu pour combattre la faim.

Les guerres renommées de, un, trois et six jours ont pris chacun de nous à témoin et ont vite dévoilé leur résultat ; pillages, morts, violences maladies sexuellement transmissibles, dégâts matériels aux yeux du globe sans réparation.

Veuf (ve), orphelins de guerre, l'affamé qui, par manque d'appui, ont hérité le nom mortifiant et ridicule. Ils vivotent six- quatre- deux. A l'enfant, son enfance !

Pas de discipline, pourquoi la délinquance dans la politique ? Toujours de condamnations verbales rarement des actions concrètes. On crie de partout misère sans jamais proscrire la circulation d'armes qui n'attendent que tuer et disperser les familles à tous les coins de la terre?

Sil vous plait, devoir apprendre aux hommes à dialoguer et aux armes à se taire. Le sang coule déjà abondamment. N'y a-t-il pas une alternative servant à revoir la loi relative à la sécurité et les droits dits de l'Homme?

Donner raison à ceux qui disent : « le Congo est entrain

de vivre l'enfer dans son prétendu paradis?»
La négligence et l'ignorance prédisposent à risquer les vies au- delà de la pauvreté si l'humanité tarde à s'approprier la situation. Prudence !

Face à un "néocolonialisme" à redouter, l'appauvrissement encloue davantage la population mendiante de manne exotique.

Les troupes nous ont visité avec leurs alliées de guerres, elles ont frappé de plein fouet l'innocente population en champ d' « expérimentation de mort. ».

Qui sera ennemi du peuple en se donnant le luxe de réprimer encore les actions constructives ?
L'unité nationale est à préserver. Dieu a tout donné aux Congolais y compris les mains.

Excepté l'enfant, personne ne peut hausser le ton en disant "nous n'avons pas été bien préparé ou encore jeune nation" ...

Au cœur de l'Afrique, la République Démocratique du Congo ne pourrait que procurer la vie et non servir de cible de conflits fusionnés à la pauvreté la plus avancée qui puisse exister.

Sinon, que le cours d'histoire change car maintenant, l'évolution de la planète est l'apanage de tous.
Qui mentirait à son enfant de vrai rôle du miroir ?

LE CHIEN

C'est moi le chien qui averti, les yeux devant moi s'ouvrent, rayonnant comme des étoiles, je fais la chasse aux agresseurs en temps d'agression potentiellement imminente.

Je surveille souvent la nuit, mes crocs se lèvent, tranchantes comme une scie, j'assure la sécurité, malgré tout, on m'a toujours dénigré.

Qui peut soupçonner des éventuelles attaques nocturnes sans l'aboiement du chien de garde ? Je suis le chien qui défends, la queue entre mes pattes bouge, longue comme un lombric, j'annonce l'approche d'agressivités et je suis celui à qui on doit une considération méritée.

VICTIMES D'IRONIE

Prétexte de « jeunesse espoir de demain » mais toujours inculte, la mort nous environne chaque seconde Soi- disant « souverain primaire »
Les bombes ne cessent de gronder nos modes de vies, bain de sang.

Prétexte de « citoyen du monde », on dirait une animalisation de l'Enfant à travers la planète, chers décideurs ?

Je vis avec l'eau mais je meurs de soif,
Mes récoltes agricoles devraient me nourrir,
Mais pour l'heure, les mines anti- personnelles ont remplacé mes tubercules.
Je vis en brousse de la cueillette, de la chasse de pêche et d'élevages,

La faim me guette parce que je suis nègre ! Les "ayants droits de tuer" exercent tranquillement leur activité.

Je ne sais comment accueillir « tous les enfants ont droit à l'éducation » signifierait pendant que les bénéficiaires, enseignants et établissements scolaires sont comptés au bout de doigts dans ma cité au moment où ceux qui tuent demeurent impunis
Et si j'étais blanc ?

Comment interpréter « tous les hommes sont faits égaux devant la loi et avons droit à une protection équitable » pendant que les auteurs des crimes oubliant que les enfants leur place n'est dans les groupes armés pullulent de partout !
Mon histoire m'humilie davantage, remplit des bibliothèques des concepts nouveaux,
Où sont les sanctions décideurs vis- à- vis des viols, minuteries, génocides perpétrés à l'endroit de mes compatriotes sans inquiétude?

A l'Ouïe et au vu des incontestables avocats de gros tribunaux à travers les monde les scènes malheureuses auxquelles l'humanité s'atteler, se contente par contre à rendre hommages alors que même toute une éternité ne pourra suffire pour honorer la mémoire de tous ceux qui ont perdu leur vie durant de guerres les tristes souvenirs m'embarrassent

Parce que je suis africain, Congolais. Et si j'étais Belge ?

Pour réhabiliter ma personne, défendre ma cause, la Cour Pénale Internationale attend t- elle être armée pour réprimer les hostilités qu'en qualité d'américain, d'européen ou désire t-elle me voir illustrer en prochaine victime ?

POUVOIR PARLER EXODE ?

Quasiment tous, préférons ville que périphérie, l'exode rural, calamités, réfugié climatique. Encore au séjour de rêveries ?

Les agitations conduisent aux rébellions, mettent en péril une multitude d'efforts conjugués sans merci. Nous supposons qu'elles étaient en gestation et qu'une petite étincelle suffirait pour les attiser. Nous osions penser que la solution absolument les élections.

Nous, pauvres et innocentes populations victimes d'abus du pouvoir, victimes des guerres et des politiques opportunistes, réclamons réhabilitation.

Les familles pleurent ; les larmes inondent les visages ; la jeunesse est abandonnée à son triste sort.
Quelle lecture faire de cette population à la fois "souverain primaire" et involontairement coactrice proie des attiseurs de conflits, faiseurs de pleures?

À qui profitent les crises congolaises? L'ère de l'esclavagisme est révolue au moment où le néocolonialisme surfait face en plein vingt-et- unième siècle sous prétexte de« maturité. Pays « en voie de développement », société d'enrichissement de l'ombre et d'appauvrissement du droit. Le faussé ne fait que se creuser davantage.

Cinquante- cinq ans après, quel portrait dresser. Pouvons-nous oser encore parler de transition ? Pratiquement, les lois souffrent d'applicabilités mais théoriquement actives et classables dans les armoires poussiéreuses de "l'administration."

Naissance de glossaires, de verbes, de phrases et quelques expressions en action : « Etre- devenir- avoir », « Nous condamnons fermement… », « Cessez- le- feu ! ».

Attention, ne risquons pas de faire nôtre la célèbre phrase du général Janssens, général de la force publique congolaise qui disait jadis: « ... avant l'indépendance est égal à après l'indépendance. ».

L'avenir, c'est déjà aujourd'hui. Nous devrions accélérer depuis bien longtemps consciemment car nos gestes en sont peut- être pour quelque chose.

Nous citons ici un extrait du discours d'un homme d'État qui a dit : « Et si un début de coopération peut repousser la jungle des soupçons, que les deux camps inaugurent de nouvelles tentatives, par un nouvel équilibre de la puissance, un monde nouveau du droit, dans lequel les forts seront justes, les faibles vivront en sécurité et la paix sera sauvegardée.»

Veillons au patriotisme en faveur de l'intérêt commun ou mieux la solidarité. Prenons garde et courons au rendez- vous de la renaissance.
Sachons dire : (« Cessons de jouer un jeu dangereux et regardons les choses en face. »).

C'est question de courage et du vrai engagement à bannir tout acte insurrectionnel. Jamais le sang ne servira un jour de peinture. Qu'y a-t-il de bon à voir les routes ornées de sang de ceux qui tombent et s'éteignent pour la liberté?

De toute évidence à l'instar de tout citoyen du nord, la République Démocratique du Congo et son Afrique doivent vivre! Sachons discuter et non se disputer.

RENDEZ- MOI A L'AISE!

Arrêtes maintenant avec ta friandise, la terre raison de vivre est victime de certains troubles. L'héritage ou la chasse ? L'inertie embarrasse l'humain au sujet du devenir sacrifié. La parole recherche la bouche "autorisée" au détriment de la justice, les enfants n'en sont pas épargner. Tu ne pouvais les retirer du monde de vivants si tôt … !

Le vocabulaire resplendit, les orphelins des armes sont actuellement et souvent victimes d'injustice sociale, crise d'affection. Ils sont objets d'insurrection dépourvus de toute expression. Par manque de prise en charge certains enfants courent jusque même à payer de leur vie à cause de pain ; ils n'ont pratiquement presque aucune chance de soulagement. Certains autres sont supposés parachutés d'une autre planète. Vraiment pas de compassion pour ce futur plein de vulnérabilité!

Ils remplissent les rues, non seulement ils sont maltraités, d'autres même sont abandonnés à leur triste sort par le leur, rejetés par la société. Ils sont devenus tour à tour délinquants, "Koulouna " voleurs, "sorciers", etc.

Oui, la famille en a une part de responsabilité. Une mauvaise herbe a infiltré la lignée fraternelle, d'où alors le sarclage serait souhaitable pour ne pas perdre d'autres plantules en devenir.

Il revient également à l'État d'étendre son contrôle effectivement jusqu'au social et au pourvoir d'achat pour prévenir potentiellement le danger considéré comme bombe à retardement au cas où il y aurait abus de droits de l'enfant surtout celui rencontré dans la rue ou orphelins sans soutien, veuves, etc. Ils sont traumatisés, délaissés !

Ce jour, tout le mot alimente la Une des journaux en plus de l'indignation dont ils subissent.
Ils ont droit à une réinsertion socio- économique pour essayer de compenser aux réactions de tous les maux/comportements insupportables qualifiés d'anti

valeurs par certains, le banditisme urbain, le viol collectif, le vol, etc.

Ces présumés soi-disant fous seraient quelque part plus intellectuels que les supposés intellectuels bureaucrate et j'en passe.

On lui veut la parité ; la fille est harcelée, violée par les hommes en armes sans âme au travers desquelles situations, celle-ci a beaucoup de chance de s' « auto-opprimer». Le plus vite possible, elle se mettra à exploiter intensivement son corps au nom de survie car sans assistance. La prostitution en est un extrait, et petit-à-petit elle abrite le champ de culture d'infections sexuellement transmissibles risquant de passer à de vitesse supérieure si les conditions de vie sous toutes ses formes se détérioraient davantage.

Aux activistes de droits Humains et à l'État. Rendre agréables les conditions socio-sécuritaire et économique en générale et, celles des opprimés en particulier, épargneraient les conséquences fâcheuses au sein de la société. Figurez-vous qu'on ne peut pas à la fois s'ériger en guide et en contre maître.

Aux membres des familles, jouez le rôle de responsable, surtout par la résolution des crises qui sévissent la jeunesse.

Plus jamais cela, rendez- moi à l'aise !
Tous, avons droit à la vie et à une protection équitable. Ainsi, nous oserons espérer une reconstruction active, un changement de mentalité, un patriotisme participatif, un respect des normes et des principes, etc.

Devant un emploi décent, est- ce les charges portées contre ces chômeurs Koulouna, en occurrence, ce banditisme se reproduirait- il ?

Souci pour l'instruction de la jeunesse

ANALPHABETISME CONTINU

Consciemment ce n'est pas suffisant savoir lire et écrire, élites congolais et d'ailleurs. Sous vos yeux les slogans ne promeuvent rien de notre éducation.

Semblant d'ignorance des faits, championnat de décisions et non les meilleures, rencontrer nos attentes.

Bannissons les antivaleurs quelles que soient leur nature Prohibitif décrie-je l'égoïsme car divergeant à la sécurité ni solidarité en aucune approche, un social paisiblement décent serait souhaitable pour un développement durable.

Convergez dans nous, pour nous et avec nous toutes les formes d'énergies susceptibles de repousser les tracasseries.
Mes réalités ne sont pas un désir d'avoir une réponse arithmétiquement à l'équation sécurité multipliée par chômage plus analphabétisme massif, le tout sur vulnérabilité.

Les larmes, ce ne sont pas un divertissement. Je sais que les tendances sont éventuellement renversables au moment où ma jeunesse tout le temps et en tout lieu, je la vit dans de troubles, votre hypocrisie consume mon espérance.

La mort nous infligée à la manière des coqs en poulailler, difficile pour nous de remonter le temps, les souvenirs sont pleins de blessures.

Chacun de mes souvenirs est couronné des périodiques scènes des violences indescriptibles, d'amertumes !
Nous n'avons quasiment plus d'abri ni d'assurance, mon éducation s'entrave à chaque seconde de notre misérable existence et la malnutrition ne cesse de nous faire la cour.

Notre situation active ne mérite- t- elle pas l'attention de l'humanité pour qu'elle demeure sans solution ce jour?

L'ECOLE ET LA CORRUPTION

Il faisait déjà midi ce temps-là, au milieu de journées dans son bureau, monsieur l'enseignant... Ses caractéristiques, ponctuel et tardif on dirait un chargé d'études. Il est remarquable dans de débit de boisson. Joue au "sexisme de manuel scolaire" mais plus proche des élèves filles.

Les élèves appliqués étaient forcement humiliés et sans défense. Chaque jour dans son bureau avant ou après le cours ou même dans la salle de classe, monsieur l'enseignant ne manque pas de mots, poser une question de curiosité en rapport avec le cours pour lui est perçu comme une menace pendant que là, le manque de niveau d'instruction de cette jeunesse constitue une bombe à retardement socio- professionnel en performance et altère leur destin.

Le pourboire régnait en maître absolu, ledit enseignant manœuvrait. La plus facile des solutions pour les faibles élèves non appliqués. Cela encouragea l'indiscipline.

Curieusement, à la publication des résultats, ils occupaient soudainement des places de choix par rapport aux réguliers élèves appliqués qui vont jusqu'à échouer parce qu'ils n'avaient motivé ledit enseignant.

Il étendait ses intimidations à l'endroit de ceux qui lui divergent toujours d'avis. Ainsi, au regard de l'insécurité croissante de leurs notes, ces appliqués devraient tenter d'emboîter le pas.

Malgré ce traumatisme éducatif, il y avait encore lieu ces appliqués tiennent le coup. Eu égard de cette pratique dont ils sont souvent victimes, et ne sachant plus à quel sens se vouer, adieu la culture de lecture, l'argent "vivifie" la réussite.

Quelle transmission des connaissances corruption au service de l'irresponsabilité? Sur quoi l'enseignement devrait être fondé ? Que faut- il léguer à notre postérité avec cette culture de moindre effort?
Attribution de notes plus d'évaluations de connaissances.

Pour lui, c'était déjà une habitude surtout quand il s'agissait d'exercices ou de devoirs à domicile, il disait : "qui veut gagner de points, achète des exemplaires de devoirs que j'confectionnés pour vous"... Actuellement cette allure d'éducation mène droit la considération vers les surprises et le K.O.

D'une part, les élèves garçons en s'interrogeant sur les stratégies à développer, très vite, ils deviennent voleurs et consacrent plus de temps à la recherche de l'argent qu'à la lecture. D'autre part, les filles brandissent la séduction pour bénéficier des points moyennant sexe ou devenir multipartenaire en cherchant qui glisser garantir la réussite. D'où les phénomènes "points sexuellement/socialement transmissibles", "points socialement acquis ".

Ledit phénomène rend la plupart de jeunes gents "intellectuels illettrés" ou moins compétitifs en tout lieu bien que diplômé(s).

Résultat, "grossesse académique ou encore scolaire", accentuation de l'analphabétisme et crise de compétence. Concours, inspections et tests sont les bienvenus pour évaluer le niveau de connaissances des élèves, et apprécier la qualité des enseignements dans nos milieux surtout pour les filles.

La maternité de la parité reste effectivement à désirer et l'espoir s'évanouirait à jamais si on doit prématurément inviter l'émancipation.

L'ENSEIGNEMENT (1)

Toi qui délègues, toi qui instruis,
N'as- tu pas oublié ton porte-monnaie dans le pantalon de l'autrefois ?
N'as- tu pas su que tu partais en promenade et que tu aurais envie de maîtriser ce que tu t'es toujours proposé ? ...

Soutiens- tu tes promesses ?
Songeais-tu partir à temps ?
Patientes ton temps,
Passe en revue ton emploi du temps.

As-tu bien suivi ton agenda?
N'est-ce pas peut être les orages qui ont concouru au mauvais temps ?
As- tu bien consulté ta montre ?

Ne prétends pas grandir plus que les cheveux et cultiver tout un champ avec un seul doigt.

Respectes ta taille, portes ce qui te convient,
Sinon, tu porteras le caleçon à la place du chapeau.
Ne promets pas par le plaisir de promettre, rien que pour exciter les sentiments et éveiller les esprits.

Gardes tes promesses longtemps secrètes, les convertir en actes et n'attendre que succès. Qualité d'un érudit.
Ne sois pas égoïste.

Apprends à partager, et fais le pour soi- même d'abord et à toute la famille ensuite, car on ne peut jamais vaincre la volonté du peuple moins encore courir au hasard sans partir d'une origine quelconque.

Grand- frère, t'es nôtre et aides- nous à te porter toujours à cœur.
Tu éduques ?
Tu le réalises tout seul?
Si tu avec quelqu'un d'autre, rend le bienheureux comme tu voudrais qu'on fasse de toi à l'exercice de tes fonctions, qu'il soit à son aise !

Il assumera alors son job sans la moindre volonté de disposition lui édictées avec vérité et courage.

Ta famille demeurera représentativement respectueuse partout elle se rendra et avec une compétence de taille, consistante gage de formation que toi seul inspectais en qualité et avec rigueur.

Je suis en tout cas fier d'appartenir à cette famille.
Me promets- tu de m'envoyer à l'école, librement, y être formé par des enseignants de qualité dignes de leur profession, tranquilles chacun dans son institution ?
Sans fanatisme grand- frère, d'abord mon éducation, et mes amis suivront mes pas sans doute.

Que Dieu te protège et bénisse ton travail frère, pour nous avoir préparés et nous avoir ouverts au monde.

Ainsi, demain de façon responsable, nous garderons longtemps la maison avec soins et serons tous en paix sans causer du tord à la famille moins encore à nos progénitures au nom de nos grands parents et parents.

L'ENSEIGNEMENT (2)

Aujourd'hui jour « **j** », mes enseignants sont d'accord pour ma formation.

En plus des promesses que les journaux publient,

Acceptes- tu de régulariser leur situation de paie, ou dois- je encore brutalement, comme de coutume assister à des cortèges de grève à vie?

Ça ne sonne pas bien de s'entendre appeler du nom "enfant de la rue".

Vraiment non grand- frère, nous vous exhortons à suivre l'exemple des voisins si l'initiative tarde à venir.

Quoi qu'il en soit, d'abord notre éducation, notre droit et sollicitons des solutions à long terme, responsables et durables.

Avec vous, souhaitons voir clair quand il fait encore jour. Je dirai à nouveau à mes amis : repartons et laissons- nous éduquer en paix!

La famille comptera alors moins de bandits.

Nous te soutiendrons toujours, mes amis et moi. Cette fois- ci promets nous et dis-nous "ça va, solution qualifiée !"

Nous voulons tous un futur plein de vitalité, apte. Mais comment voulez- vous comprendre et attendre trop d'une jeunesse inculte ?

S'il vous plaît, aidez- nous à nous rétablir dans nos droits, celui relatif à l'éducation aussi.
Pouvons- nous oser encore vous faire confiance une fois pour ne plus vivre au bénéfice du doute ?

La paie de nos enseignants synonyme d'efficacité, de performance.
Et après... nous dirons tous ensemble, tout haut et d'une seule voix forte : " débout jeunesse, lève- toi et prend la relève".

L'espoir pourra être commun et accompagné d'une expertise diversifiée.

L'ENSEIGNEMENT (3)

Grand- frère, nous savons très bien que tu nous aimes tellement que tu tiendras absolument tes promesses,
Nous devons reprendre le chemin de l'école, car avec les vacances, nous en avons assez.

Constate comment nos enseignants protestent contre la craie alors que les parents devant être même titulaires de maigres salaires sont chômeurs de troisième cycle.
Comment veux- tu qu'ils puissent normalement remplir leurs devoirs de parents et fonctions les uns pour les autres?
Quelle est donc la qualité de notre devenir ?

Les pouvoirs du tableau, la persévérance de bancs de l'école et le courage de notre stylo constituent la force naissante du lendemain.
Nous comptons beaucoup sur toi et tes partenaires sur ce qui est de l'enseignement libre, gratuit, accessible à tous et pour tous.

Qu'on ne parle plus jamais en mal de nous concernant les grèves qui multiplient l'analphabétisme à la quatrième puissance, divisé par le chômage qui nous donne délinquance.

Est- ce que ça nous dit quelque chose : « une nation sans éducation, est une nation vouée à la mort !»

Aujourd'hui ou jamais, notre éducation.
Que pouvons- nous encore espérer…?

LE SIDA

Inutile de rechercher qui prendre pour adversaire à combattre que de vouloir faire la guerre. Le véritable agresseur public de la santé est là ! Nous aurons plutôt été vigilant, il nous environne chaque tierce et ne pardonne pas.
Le sida,

Il puni très fort l'ignorance, la négligence, la flatterie et n'exclut personne. Il n'est sympathique à aucune classe sociale à aucune race ni catégorie professionnelle. Il est violant plus que les armes en insécurisant l'humanité sans exception. Son arrivée est dévastatrice comme le jaillissement de laves volcaniques et n'épargne rien sur son passage. Il sinistre la santé, il chamboule des économies et des ménages, il déstabilise les amoureux sans protection. Il est contre le développement,
Le sida.

Un mercenaire épouvantable qui rend l'organisme humain inoffensif aux attaques extérieures et anéantit l'immunité. Il embrasse quiconque ne se gère pas, tout infidèle, tout partenaire occasionnel irresponsable.
Le sida est là !

Tellement surprenant plus que les kamikazes, disposons-nous à ne pas céder à l'erreur de distraction et même d'occasion. Cessons de faire la guerre oubliant celui contre qui nous devrions combattre surtout quand il s'agit du plaisir…

Perdre sa vie à cause de soixante secondes et s'ignorer à cause de l' "opportunité" ?

Que la santé soit la priorité première pour chacun de nous en veillant sur les sentiments.
Qui que vous soyez, ensemble unissons- nous contre le Sida.

Dépravation de mœurs

CONFUSION

Toi qui comprends mieux les valeurs négro- africaines,
Toi qui prônes les droits humains,
Pourquoi sacrifier ton prochain ?,
Pourquoi trahir et vendre ta cité à cause de l'asile?

Ressaisis-toi et développes ton milieu toujours en souffrance. Tu en jouiras d'autant plus ;
Sois exemplaire, pas de reniement sous prétexte d'être celui qui est acquis au changement. « Les mains sales se lavent en famille » dit-on.

Toi qui as appris l'éducation civique,
Pourquoi céder au profit du brigand passant, en vendant les terres de ta patrie : tes minerais, ton eau et ton électricité en défaveur du plus démuni ?

Toi qui as accompagné les congrès, les résolutions, les accords, etc.
Jusque là, quel quote-part pratique constructive impressionnante proposes- tu déjà à ton peuple?

Pourquoi copier à l'aveuglette la culture exotique, entretenir de conflits interrégionaux pendant que les autres, chez eux s'attaquent au développement durable ?

Le promeneur ne peut rien d'ailleurs, tu dois te mettre dans la peau de celui -là même, qui a la véritable clé du développement, ton compatriote. A chaque peuple sa culture, l'africain aussi.

Apprenons plutôt aux enfants à parler et aux adultes à agir.

EMBARRAS

Il y a des sortes des faits sans gestes,
Il y a des choses… par des actes,
Il y a des choses soutenables par des pactes
Mais jaillissant des anti-pactes
S'érigeant comme obstacles.

Malgré des normes comme spectacles,
L'endroit d'excellence
Provoquée par l'arrogance
Renferme l'ignorance.

Par manque d'unité, il y a iniquité
Des non-politiques sont attirés par les discours
Au sujet développement, mais déçus de promesses.

Il y a des sortes
Il y a des sortes… sans soucis
Il y a des sortes sans soucis sans sens dans lesquelles on trouve des prétendants

Négligents à marches roucoulantes
Sortant comme rebutant assimilant, « renonçant »,
préférant d'être dissimulant.

Il y a des fois… où l'espoir envahi par la sécheresse
devient prémices comme bon à rien voyant en devenir
La détresse profite à la pauvreté diminuant la fraternité

La saison propice tarde à venir par des contextes flous
en bras- de- fer accentuant et réduisant la solidarité.

JALOUSIE ?

En mon séjour de vacances quelque part, j'avais rencontré une famille d'accueil. J'y ai passé plusieurs journées. Au voisinage, un responsable de la maison était polygame. La première femme mourut laissant deux enfants orphelins. La deuxième divorça sans enfants. Directement la troisième entra en scène avec ses quelques enfants qu'elle avait remmené d'un précèdent ménage.

Le mari embrouillé, distrait, et enivré par sa nouvelle dame comme opium, commit l' "erreur" de lui octroyer tout son pouvoir.
Cette dame manifestait ouvertement sa haine vis- à- vis des petits enfants orphelins défavorisés par leur propre père, le garant de la famille.

Ces orphelins souffrirent et continuèrent à souffrir, sans que le père toujours aveuglé par l'amour qu'il vouait à sa dulcinée ne se rende compte de quoi que ce soit.

Le plat que lui servait sa dame le rassasiait au point qu'il pensait qu'il en était de même pour ses enfants, pauvres malheureux. Au contraire ce n'était pas le cas.

Cette dame ne s'occupait que de ses propres enfants abandonnant les autres qu'elle n'avait pas enfantés; il y eut injustice à telle enseigne qu'on pouvait constater des privilégiés paisibles et des non- privilégiés orphelins indignés n'ayant droit à aucun mot au sein d'une même famille.

Chaque jour de retour du travail, le père ne s'inquiétait pas de savoir le comment ça marche de ses autres enfants. Les pauvres enfants sous son nez, mourraient de faim comme de "fazère"[1]. En tout cas, le père avait ses yeux ouverts mais ne voyait rien.

Les enfants étaient considérés comme adversaires dans leur propre demeure. « Non » était toujours la réponse à

---

[1] ***Fazeur ou fazere*** ou encore distinctement Koulouna : mot Congolais de Kinshasa et Kisangani ou BOYOMA Singa Mwambi, utilisé couramment pour désigner un individu sans abri dormant à la belle étoile souvent sur l'étalage de marché dans la nuit.

laquelle ils devraient s'attendre quand il s'agissait de manifester un désir face à une quelconque chose. Tout était non fondé et sans objet et plus souvent sans une suite réservée alors que dans l'autre camp des privilégiés enfants, fils et filles de le leur mère, tout était prêt. !

Un des orphelins indigné haussa la voix et cria : au secours… !
Les voisins non habitués à ce genre de cris, se montrent sensibles et volèrent objectivement au secours des non-privilégiés. Des entrevues se succédèrent en quête de solutions aux problèmes prirent d'autres allures. Les réactions étaient au rendez- vous surtout celles des voisins s'appuyant sur le fait qu'ils ont observé la maltraitance prendre d'ampleur en termes de persistance. Une question surgissait : « de qui ces derniers hériteront une bonne protection? Et au profit de qui et de quoi leur faites- vous subir toutes sortes d'atrocités…? »

Ils sont tellement petits au point qu'ils ne peuvent rien pour leur survie et sont sans défense.

Si vous les abandonnez aujourd'hui, la rue « marraine » de délaissés s'occupera d'eux.

Au cours de ces discussions-là, ils condamnèrent surtout le père qui n'était pas à la hauteur de ses responsabilités. Ils les invitèrent tous à être un exemple des jeunes, plus vigilant et à jouer le bon maître !

Le père "penaud" semblait parachuter d'une autre planète, il prit alors la parole et promit qu'il donnerait le meilleur de lui-même à ce sujet en faveur de tous les cœurs brisés eu égard du respect de droits de l'enfant. Enfin, il s'attela à sa tache de père de nouveau en disant être disposé à se remettre équitablement au service de l'éducation pour pacifier toute divergence.

Bien que les voisins avaient du mal à avaler quelques uns de ces dires, lui confiant de mots de promesse et se retirèrent en bonté tout en accompagnant les efforts du changement véritable dans l'environnement familial.

LA PROSTITUTION

A l'origine de crise de l'autorité parentale face à un chômage qui rend non maîtrisable les filles dans plusieurs familles prédisposant à de "co- harcèlement" physique et/ou psychologique comme assurance de survie consciemment ou non.

Dans ce foyer, la sœur aînée sortit pour un type de promenades "malsaines", et son retour puis qu'elle renflouer le panier de leur ménage du stock, les parents ne pouvaient dire mot car en charge ces enfants filles professionnelles du vieux métier du monde.

Après plusieurs séances d'exercices non stop, la pratique s'accentua et les cadettes emboîtèrent le pas malgré leur minorité d'âge mettant en contribution leur vie au service de l'économie sociale. Ce "professionnalisme sexuel" mais à partenaires multiples prirent de l'ampleur. La séduction en était la règle d'or et ces filles-là n'hésitaient pas à faires des avances aux hommes.

La pauvreté réduisit la solidarité et favorisa la discordance dans cette famille qui pervertit les mœurs de tout un quartier résidentiel du jour au lendemain.

« Les mauvaises compagnies corrompent les bonnes mœurs » dit-on, certaines personnes étaient tout de même gênées. Les reproches ne tardèrent à crépiter de partout, le premier son se fit entendre et tentatives de remise en rail du foyer par le papa.

Cette fois là, une de ces filles rencontrèrent une nonne qui était venu pour son congé. Ensemble cette nonne, elles discutèrent et s'accordèrent un rendez- vous. Cette dernière leur interrogea à l'image de la foi, sur pourquoi marchander le ton corps, le temple.

A ces mots, les deux filles repartirent avec la nonne vers les parents, lesquels parents les accueillirent avec grande émotion invitant. Le travail rémunéré des parents était mis en cause avec une économie en souffrance au cours de leur entretien. Bien que ça, la nonne ajouta «persévérez, reprenez vos responsabilités en mains !

Et retournant dans ces occupations habituelles à la fin ses vacances, la nonne bien-sûr avec une promesse d'accompagnement plaide pour la création de l'emploi décent et la restauration de l'autorité parentale. Seuls le courage, la persévérance et la détermination vous permettront de préserver l'éducation de nos enfants. A qui devrait revenir une autre part de responsabilité ?

Indices d'adaptation

EXCELLENT DANS LA PERSONNE DE PAPA

Après tout ils étaient déjà combien dans leur salle de classe les papas du monde, de ma nation, de notre quartier ?... Je m'interroge!

Le mien, il m'a souvent persuadé qu'il occupait en tout que la première place chaque année scolaire de son époque au fur et mesure qu'il évoluait. Toujours excellent élève !?

Etonnant mais généralement surprenant que j'aie connu quelques uns aussi, vos parents vous ont ils reproduits ces mêmes propos ? Suppose-je, que les vôtres aient eux également occupés la première place?

De tous les parents, qui était alors le dernier de sa classe?

L'AN ZERO

De l'économie des guerres à l'économie des droits ;
De l'économie des pleurs à l'économie de sécurité ;
De l'économie du calvaire à l'économie de mémoire ;
De l'économie de grèves, à l'économie de travail ;
L'an zéro.

Droit à l'indépendance d'esprit ;
Place aux cœurs qui écoutent et traduisent leur bonne volonté en actes concrets ;
Vivre, c'est naître, évoluer et se développer ;
Au grand Lac aussi, la vie.

Maîtrisons les sentiments, remettons le compteur à zéro et accordons une minute au dialogue,

L'écriture convie au pacifisme inclusif, à la conscience de faire la part de choses ;
Qui vivra, verra l'an zéro.

Apprenons aux humains à coopérer et aux armes à se taire ;
Assez à l'insécurité alimentaire, à la chasse à l'homme !

La vraie dignité prônée de partout, où est- elle ?
Conflits d'intérêt, occupations illégales, hostilités permanentes, Non !

Oui, pour la promotion de la paix et la sécurité,
Oui, pour l'émancipation,
Oui, pour l'égalité des chances,
Cessez- le- feu !
Nous grand Lac accordons pardon aux faiseurs de pleures et voulons faire montre de responsabilité, de maturité au sujet de nos divergences et surtout défendre notre cause.

La République Démocratique du Congo aussi se veut en bon exemple et non source de désordre éternel, renaissance, d'équilibre environnemental, etc.
Qu'avons- nous faits de guerres et des conflits ?

S'il vous plait tout le compteur à zéro.

Dans le principe du respect mutuel, des normes ; conservons les bonnes valeurs.
Redémarrons la machine et passons à la vitesse supérieure chemin vers les objectifs du millénaire de développement réussi

Considérons le grand LAC maintenant significatif en ces termes : "Grande Liberté d'Assistance Communautaire"
La liberté au-delà des frontières et la solidarité lui conviennent aussi.

L'an zéro,
L'an du renouveau et de l'indépendance économique, des cultures diversifiées.
Nous osons croire qu'avec tous..., nous pouvons pour une citoyenneté universelle. Accordons mea-culpa et exigeons réparation.

Ensemble, militons pour la cause de la jeunesse victime d'égoïsme politique.
Quoi d'agréable archiver pour les générations futures ?

Printed by Books on Demand GmbH, Norderstedt / Germany